LES

SOCIÉTÉS DRAMATIQUES

EN BELGIQUE

DU MÊME AUTEUR

A LA MÊME LIBRAIRIE

L'Annonce, comédie en un acte.
Les Sabots, comédie en un acte.
L'Oncle impromptu, comédie en un acte.
En Pays de Connaissance, comédie en un acte.
Le Père Richel, drame en un acte.
La Gloriole, comédie en un acte.
Les Lettres anonymes, comédie en un acte.
Sébastien La Ruelle, drame en quatre actes.
La Rupture, drame en trois actes.
Les Écrivassiers, comédie en trois actes.
Célestin, comédie en un acte.
La Tache du Nom, pièce en trois actes.
Le Mariage de Roger, drame en deux actes.
Décoré! comédie en un acte.
Le Piano de ma Tante, comédie en un acte.
Mes Créanciers, comédie en un acte.
Irrésistible! comédie en un acte.
Les Impudents, comédie en trois actes.
L'Auteur dramatique, étude.
Disparu! comédie en un acte.
Deux Sauveteurs, comédie en un acte.
La Dot, comédie en un acte.
Les Sociétés dramatiques, étude.

EDMOND DUESBERG

LES

SOCIÉTÉS DRAMATIQUES

EN BELGIQUE

PARIS

18, Rue Gay-Lussac, 18

—

1891

DISCOURS

prononcé à Saint-Ghislain, à la Grande Fête Dramatique donnée par l'EMULATION le 3 Mai 1891.

C'est avec une vive satisfaction que j'ai appris le succès remporté par mon œuvre à Saint-Ghislain, le 22 mars dernier, aussi ai-je regretté de n'avoir pu assister à la belle soirée organisée par l'*Emulation*. Il est probable que le comité a deviné mes regrets, car, avec une courtoisie à laquelle je me plais à rendre hommage, il s'est empressé de me convier à une seconde audition de *La Rupture*.

Ai-je besoin de vous dire que je suis très heureux d'avoir répondu à l'appel du comité? En accueillant ma pièce avec une faveur marquée, vous donnez un démenti au vieil adage : *Nul n'est prophète en son pays* ; c'est pourquoi je suis doublement touché de votre bienveillance.

Croyez-le bien, Mesdames et Messieurs, dans la carrière des lettres où les déboires se rencontrent à chaque pas, l'écrivain garde le souvenir des rares journées d'un triomphe sans mélange. Dans les heures attristées où l'inspiration s'envole loin de lui, dans les heures où le découragement s'empare de son être, où tout est nuit dans son cœur et dans son esprit, il lui est doux de revivre d'autres heures joyeuses où les suffrages d'un public intelligent le payaient largement de ses peines. Souvent cette évocation du passé suffit pour ranimer son ardeur éteinte. Comme un rayon bienfaisant, elle vient dissiper les ténèbres de son cerveau et lui fait reprendre la plume qu'il avait laissé tomber.

C'est à ce titre surtout que votre approbation m'est précieuse. Elle me servira de stimulant et m'engagera à vous donner des œuvres moins imparfaites que *La Rupture* dont les défauts sont visibles. Ils apparaîtraient davantage encore si mon drame n'était pas défendu par de vaillants interprètes qui se sont acquittés de leurs rôles en artistes consommés. Je n'en cite aucun pour ne pas les citer tous, mais je tiens à le reconnaître, Mesdames et Messieurs, la meilleure part de vos applaudissements leur revient, et je leur exprime devant vous toute ma satisfaction.

Cependant, après les avoir sincèrement félicités, je vais me permettre de leur dire... des choses désagréables. Cela vous étonne ? L'oubliez-vous : *Qui aime bien, châtie bien ?* Je vais donc châtier, — oh ! rassurez-vous, très légèrement, — en disant aux artistes de l'*Emulation* quelques vérités cruelles qui leur seront plus utiles que des louanges banales.

Aujourd'hui, Messieurs, comme toutes les armées victorieuses, pleins d'entrain et d'enthousiasme, vous êtes prêts à retourner au feu pour ajouter de nouveaux lauriers à ceux que vous venez de cueillir, avec une

bravoure que nous avons tous admirée. Mais demain.
demain, votre ardeur sera-t-elle la même ? N'allez-
vous pas vous endormir dans les délices de Capoue ?
Je le crains, et c'est ce qui m'engage à pousser un cri
d'alarme. Il ne faut pas que les uns se contentent
du terrain gagné, que les autres, peut-être jaloux
du succès de leurs compagnons, sèment la zizanie
dans la société, puis se retirent sous leur tente
pour former un nouveau cercle où leur gloire ne sera
pas amoindrie par celle d'autrui.

Ces paroles doivent vous sembler bien pessimistes ;
peut-être intérieurement m'accusez-vous d'exagéra-
tion, et pourtant, c'est instruit par l'expérience que
j'ose vous montrer le défaut capital de nos sociétés.

Avant d'habiter Paris, j'ai connu dans notre chère
Belgique un grand nombre de cercles qui m'ont fait
l'honneur d'interpréter mes œuvres. Plusieurs d'entre
eux portaient des noms empreints de la plus sincère
et de la plus solide amitié. Ils s'appelaient : *Les Inséparables*, *L'Union fraternelle*, *Les Compagnons
réunis* ; que sais-je encore ? On s'était juré une fi-
délité éternelle devant l'autel du grand art. Mais,
hélas ! si les noces d'argent sont rares entre conjoints,
elles sont plus rares encore dans les sociétés dramatiques, et même musicales où pourtant les effluves
d'harmonie devraient maintenir la concorde entre tous.
La musique, paraît-il, adoucit les mœurs. Je dis
« paraît-il » car j'ai pu le constater, chez les mélo-
manes, autant que chez les autres, la désunion n'est
que trop fréquente.

Comme dans beaucoup de ménages de ma connaissance, on échange d'abord des propos aigres-doux, puis, ces propos, plus aigres que doux, dégénèrent en querelles. Il n'est plus de réunions où les coups... de langue, plus cruels que les coups matériels, n'aillent leur train : « Et je te déchire par ci, et je te déchire par là ! » On se lance à la face les épithètes les plus enfiellées, on joue à la raquette avec l'amour-propre de Pierre, et Pierre, pour se venger, agonise d'injures son ami Paul, l'un des *inséparables!* l'un des *compagnons unis pour la vie!*

A ce jeu-là, Mesdames et Messieurs, on devient bientôt ennemis intimes. Aussi, ne pouvant plus vivre côte à côte, s'empresse-t-on de recourir au divorce. *Consummatum est.* Voilà un cercle qui devait durer cent ans et qui a duré cent jours : *l'espace d'un matin.*

Vous vous demandez quelle est la cause principale de ces divisions intestines. La cause ? Je vais vous la dire : c'est l'envie. L'envie qui souffle la haine dans les cœurs, qui sépare les hommes les plus unis, qui leur conseille le mensonge et la calomnie, qui étouffe en eux les meilleurs sentiments. Certes, l'envie existe dans toutes les conditions, mais nulle part peut-être elle ne trouve un sol plus propice pour se développer que dans les sociétés d'agrément. Là, elle pousse bientôt de fortes racines, grandit, grandit toujours, au point qu'en peu de temps elle a tout envahi.

Vous vous souvenez, Mesdames et Messieurs, des paroles de César : *J'aime mieux être le premier dans un village que le second à Rome ?*

Ces paroles, inspirées par l'ambition au fameux conquérant, ne sonnent que trop souvent aux oreilles

des membres de nos cercles. Ces messieurs appartien-
nent à une cathédrale, mais considérant qu'ils ne sont
point les seuls grands prêtres, ils fondent une église où
ils feront tous les frais du culte. Par malheur, d'autres
parmi eux ont besoin d'encens, et ceux-ci, à leur tour,
édifient une chapelle avec un seul autel : le leur !

Ainsi, de fil en aiguille, c'est-à-dire, de cathédrale
en église, d'église en chapelle, on arrive à avoir des
fantômes de sociétés qui sont sans cohésion, sans vi-
gueur, et dont le public ignore jusqu'à l'existence.
Pourquoi la connaîtrait-il, puisque demain elles ne
seront plus. Tel est le résultat de ces belles scissions.
On ne rêvait qu'adoration perpétuelle, et l'on aboutit
au néant. Cependant il eût été si facile de garder
longtemps sa place au soleil. Il suffisait de ne pas ou-
blier notre devise patriotique : L'*Union fait la force*.
Grâce à cette union, on se livrait à un travail sérieux,
on marchait de perfection en perfection, on s'attirait
les sympathies de la foule.

Que sont les sociétés ? De petites républiques. Eh
bien, dans ces républiques, chacun doit concourir à la
grandeur générale. Isolé, nul ne peut rien ; réunis,
tous les membres constituent une force que ni les
événements, ni les difficultés ne peuvent amoindrir.
D'où vient le prestige exercé par la Comédie-Française ?
De l'assemblage de talents divers formant un seul
tout et faisant de la maison de Molière la première scène
du monde.

Il est faux, archifaux de s'imaginer que le mérite
du voisin éclipse votre propre mérite. Tout homme, si
petit qu'il soit, a sa valeur personnelle que nul ne peut

dédaigner, à moins de faire preuve de pédantisme ou
d'imbécillité. Au théâtre, comme dans la vie, tous ne
peuvent jouer les grands rôles, mais tous peuvent être
bons dans les petits emplois qui leur sont confiés.
L'essentiel est d'être toujours à la hauteur de sa tâche.
J'admire plus un figurant, qui dit trois lignes avec
goût, qu'un artiste qui porte tout le poids de la pièce
et fait mille accrocs au bon sens.

Je n'ignore pas que les hommes ne sont point par-
faits, — les femmes non plus, Mesdames, — et qu'il leur
est difficile, sinon impossible, de se trouver réunis sans
se jalouser quelque peu. Soit ! jalousez-vous à votre
aise, mais ne commettez pas la faute de vous sépa-
rer. Si la gloire de vos émules vous porte ombrage,
redoublez d'efforts pour leur ravir le fleuron que vous
enviez. De cette émulation naîtra le progrès. Précisé-
ment, Messieurs, l'*émulation* est le titre que vous
avez choisi pour votre société. Rivalisez donc tous de
zèle comme vous l'avez fait jusqu'à ce jour, regardez
moins le chemin parcouru que le chemin qui s'étend
à perte de vue devant vous ; en un mot, n'ou-
bliez pas que l'émulation ne suffit pas, qu'il faut y
joindre la persévérance.

Ce matin, j'étais à Paris, mais un train rapide m'a
vite amené dans votre gentille localité que je connais-
sais avant de la connaître, grâce au renom d'hospitalité
courtoise dont elle jouit avec raison. Ainsi, en quelques heures, je suis arrivé au terme de mon voyage,
et, si je voulais franchir de plus longs espaces, je
finirais par gagner le but que je me suis assigné. En
est-il de même pour l'art ? Est-on jamais arrivé à

destination ? Non, jamais ! Parce que l'Art possède un domaine infini, toujours neuf, toujours inexploré, domaine qui n'a ni limites, ni frontières.

Épris du beau, Messieurs, vous vous acheminez sur la grande voie sans bornes, où l'on goûte à chaque pas les jouissances intellectuelles, les plus pures de toutes. D'étape en étape, vous avez réussi à sortir des sentiers battus où se traîne le commun des mortels. Déjà vous atteignez un point où l'horizon est plus vaste, un point d'où vous découvrez mille choses admirables qui vous seraient restées inconnues si, courageusement, la main dans la main, vous ne vous étiez pas mis en route. Puisque vos efforts sont récompensés, ne vous arrêtez pas, montez, montez toujours, toujours plus haut ! Vous avez puisé aux sources de l'art, venez-y puiser longtemps encore. Dans la vie semée d'ennuis, de chagrins, de déceptions, d'injustices, l'art seul réconforte et distrait. Il est le consolateur par excellence, il est l'ami toujours fidèle qui vient à notre aide, alors que tous nous abandonnent.

De nos jours, l'humanité s'occupe beaucoup des choses matérielles. Elle a raison, car, hélas ! la bête, qui est en nous, a des besoins impérieux. Mais cette bête, il n'est pas impossible de la contenter, tandis que l'esprit, lui, est insatiable. Eh bien, Messieurs, donnez-lui ce qu'il réclame, donnez-lui des concerts, des conférences, des fêtes dramatiques. Comme aujourd'hui invitez vos concitoyens à y prendre part, enfin, restez unis et persévérez !

Réflexions

*présentées au Congrès tenu à Liège, les 25 et 26 mai 1890,
sous les auspices du Cercle Royal : LE LION BELGE,
pour rechercher les moyens de développer l'art dramatique en Belgique.*

Dans un opuscule intitulé : *L'auteur dramatique en Belgique,* je me suis efforcé de démontrer qu'en dehors de Paris, le vrai centre des arts et des lettres, il me paraissait impossible de réussir au théâtre. (*)

Malheureusement, tous les Belges, qui consacrent leurs loisirs à l'art dramatique, ne peuvent pas habiter Paris. Que doivent-ils donc faire s'ils rêvent de voir marcher sur les planches les enfants sortis de leur cerveau ? Ils doivent obtenir du gouvernement la création d'une scène où l'on représentera de temps à autre les œuvres nationales.

Actuellement on accorde une prime aux meilleures pièces indigènes. Mais en quoi vingt-cinq ou cinquante francs peuvent-ils aider les auteurs à faire représenter leurs œuvres ? Ils auront beau céder cette somme aux directeurs des théâtres belges, ils arriveront difficilement à leur imposer des ouvrages inédits dont le succès est toujours problématique.

L'allocation des primes est d'ailleurs défectueuse. Le comité de lecture a une importance capitale, tandis que le comité d'examen, chargé de juger l'œuvre devant

---

(*) Il est juste de faire remarquer que les auteurs français, qui habitent la province, se trouvent dans des conditions aussi fâcheuses que les auteurs belges.

la rampe, est à peine écouté. C'est pourtant le contraire qui devrait avoir lieu. Les pièces de théâtre étant faites pour être jouées, on ne peut se rendre compte de leur mérite qu'à la représentation. Tel ouvrage, qui est admirable à la lecture, ne produit aucun effet à la scène. Aussi le théâtre est-il une véritable boîte à surprises.

A mon avis, le congrès, organisé par les soins du *Lion Belge*, ne fera de besogne vraiment utile que s'il obtient la suppression des primes qui ne donnent aucun résultat. Au lieu de jeter annuellement en pure perte quinze à vingt mille francs pour *encouragement à la littérature dramatique nationale*, le gouvernement ferait mieux d'accorder une subvention à un directeur de la capitale, afin qu'il montât une ou deux fois par mois des pièces écrites par des Belges.

Si parmi ces ouvrages, quelques-uns réussissaient, il faudrait obliger les directeurs de province à représenter les deux meilleures pièces dans le courant de chaque saison théâtrale. Les administrations communales stipuleraient cette clause dans le cahier des charges et veilleraient à ce qu'elle fût observée.

On arriverait ainsi à créer peu à peu un répertoire national. Les auteurs reprendraient courage. Voyant désormais la possibilité de se faire jouer, ils s'adonneraient à un art qu'ils délaissent, parce qu'il est inabordable.

Le répertoire national deviendrait de plus en plus populaire, si les sociétés dramatiques se faisaient un devoir d'y recourir largement. De plus, elles pourraient organiser des concours où les pièces indigènes seraient imposées aux concurrents. Tous les ans, l'une des villes principales du pays prendrait l'initiative d'une joute de ce genre, à laquelle les sociétés belges seraient conviées.

Mais pour arriver à ce résultat, il est indispensable que la concorde règne entre les cercles dramatiques. Il faut qu'ils cessent de s'entre-dévorer et que tous leurs membres sacrifient leurs intérêts particuliers à l'intérêt général.

Tels sont, me semble-t-il, les principaux moyens pour donner chez nous un peu de vitalité à l'art dramatique dont la grandeur mérite d'attirer l'attention d'un pays éclairé comme le nôtre.

Paris. — Imprimerie PELLUARD, rue Saint-Jacques, 313